DE LA NÉCESSITÉ

DE RÉTABLIR

LE DIVORCE.

MÉMOIRE ADRESSÉ

A LA CHAMBRE DES DÉPUTÉS;

PAR F. C. N. D'HÉRAN, DE ROUEN.

> L'œil de l'observateur voit autre[ment] que celui du vulgaire; et tel objet [se] présente à [celui]-ci que le désordre et le vice, qui [... à] l'autre, [... et] la vertu.
> Page 12.

PARIS,

DE LA NÉCESSITÉ

DE RÉTABLIR

LE DIVORCE.

C'est à l'époque à jamais glorieuse et mémorable d'une liberté si long-tems souhaitée, si courageusement reconquise, et si avidement reçue; c'est au moment ou l'imprimerie, qu'il n'est plus au pouvoir des tyrans d'anéantir, inonde l'univers des produits de la raison, que le citoyen, ami du bonheur public, doit s'occuper, plus que jamais, sous un si beau gouvernement, du bonheur de notre illustre nation en la rappelant à la dignité de son origine, en demandant pour elle une législation conforme à ses besoins et à ses mœurs, en faisant sentir l'utilité du divorce, et en déterminant quelle serait la sagesse de ses moyens.

C'est aux représentans du peuple, c'est à ceux qui élèvent courageusement la voix à la tribune que nous adressons particuliérement nos vœux. Puissent-ils les écouter, et de cette Chambre de nos droits, dont ils sont les plus sûrs défenseurs, faire jaillir sur cette intéressante question, de lumineuses étincelles !

Si Numa qui anima ses lois du génie et des opinions de Zoroastre, dont la doctrine faisait du feu, l'âme du monde, consacra des autels à la conservation du feu, n'est-il pas plus raisonnable de demander à l'état, des ministres et des autels, pour la conservation de la flamme céleste de la liberté, qui désormais, doit-être pour nous, l'âme du monde moral et de toute législation?

L'homme dans tous les temps dut désirer l'établissement du divorce, parce que, à toute époque, il en connut l'importance et l'utilité ; aussi, nous verrons que les Grecs et les Romains en avaient senti l'importance, puisqu'ils firent des lois pour l'établir et pour le maintenir, sans s'être beaucoup occupés d'en faire pour réprimer ses abus. Ce dut être, dans tous les temps, le désir des personnes sensibles qui s'intéressèrent vivement à la félicité publique ; de nos jours, c'est le vœu de tous les philosophes, amis de la raison, du droit naturel et de la religion , qui désirent ramener l'esprit humain à la vérité et à la pratique de la vertu.

On nous jugerait mal si l'on induisait du projet que nous nous proposons, qu'il est dans notre intention de faire la satire de la conduite des personnes que des raisons ont forcées à se séparer, ou l'éloge du divorce, par le tableau hideux de ses abus, des désordres qu'il occasionna dans les âges écoulés ; nous n'avons point eu non plus le dessein de contrarier les idées de quelques personnes, moins encore de les censurer ; mais nous avons pensé qu'il n'était pas défendu d'ouvrir dans cette question de nouveaux points de vue. Ce n'est point sous l'effort des bourasques que nous voulons détruire des vices contraires au bonheur de la société ; c'est en examinant le péril, c'est en indiquant les moyens de s'en écarter, que le philosophe, passager sur ce vaisseau du monde, peut espérer, en se recueillant pour méditer ses observations et pour les communiquer à ses semblables , de montrer qu'il n'est animé que du vif désir et de quelque espérance d'être utile.

Cette question, une des plus délicates de celles que l'esprit humain peut élever, eût pu certes, être soutenu par une voix plus forte, mais non pas plus courageuse pour frapper contre les vices de notre législation, ni plus ardente à approuver tous les moyens qui peuvent tourner à l'avantage de ceux qui ont fondé la liberté de la patrie, en tirant un parti avantageux de notre glorieuse révolution : il est temps que la philosophie élève ses terribles accents contre les préjugés, et qu'elle empêche à l'avenir l'homme de paturer l'erreur, pour qu'il se nourrisse de vérités.

C'est à la raison et à la philosophie morale que nous devrons tout

5

le jour que nous allons jeter sur cette intéressante question , pour
faire voir les nombreux avantages , et pour indiquer les moyens de
remédier à ses inconvéniens : par là , nous espérons ne faire si bien
connaître l'obscurité qui environne la vérité , que par les lueurs
mêmes que la philosophie y jetera.

Si depuis quarante ans l'esprit humain a étendu le cercle de ses
perceptions, n'est-il pas malheureusement prouvé qu'il s'est resserré
d'autre part, puisque , à mesure que le champ de la philosophie
s'agrandit d'un côté par des conceptions heureuses, il se retrécit d'autre part en perdant ce qu'il avait gagné en pratique philosophique ?

C'est cet isolement des théories philosophiques d'avec la pratique ; c'est cette circulation de chacunes d'elles dans des cercles
séparés et qui ne se rencontrent jamais, qui a jeté dans la législation
cette marche tantôt chancelante , quelquefois insensée et souvent
rétrograde ; je dis rétrograde, car, lorsque des législateurs ont
spéculé sur la cupidité du cœur humain pour fonder des maisons
de jeu, des loteries, etc., etc., qui nuisent plus à la morale qu'elles
n'ont été utiles à l'arithmétique des probabilités ; je dis que le législateur s'est jeté en dehors de l'ordre et de la moralité publiques.

Ainsi, si la chaîne des lois humaines dont le commencement se
perd dans les ténèbres des âges, qui descend depuis les temps les
plus reculés et se prolonge au milieu de nous, semble éprouver ,
d'espace en espace, des lacunes, des interruptions, de fausses distrac-
tions, nous devons nous en prendre : 1° A la faiblesse des législateurs
anciens qui, parmi l'obscurité des siècles, n'ont pu saisir le fil qui
unit les anneaux; 2° Aux législateurs de nos jours qui, imitateurs
serviles de leurs devanciers , se bornent à les suivre au lieu d'écouter
la raison et de rechercher l'intérêt public, avant que de changer ou
d'ajouter des anneaux à cette chaîne que nous ne devons porter avec
respect qu'autant qu'elle peut contribuer à notre bonheur.

L'institution du divorce, chez les anciens peuples, et chez quelques
uns de nos jours, nous fournit l'occasion de prouver que les législateurs
ne s'attachent point, la plupart du temps , à fonder la législation sur

les mêmes règles de droit qui devraient être pour tous les peuples, l'unité de composition relative au bien public.

Chez les Athéniens, le divorce était autorisé par les lois, et on le trouve établi aussi dans la plupart des nations orientales. Chez les Romains, les lois le permettaient; elles exigeaient seulement des raisons valables qui se discutaient entre les parens. Dans la suite un mari put renvoyer sa femme, et une femme quitter son mari sans donner de raison précise. Quelques empereurs firent des lois pour déterminer ces raisons. Plus tard, les ministres de la religion catholiques interdirent le divorce lorsque le mariage avait été contracté selon les lois; et ils ne voulaient dégager que ceux dont on pouvait prouver que le mariage était nul : dans les autres cas, ils se contentaient de séparer les époux de corps et de bien, et de les condamner au célibat. Quelques pays chrétiens permettent le divorce pour certaines raisons, et le refusent pour d'autres; les uns rendent une liberté entière aux deux époux, les autres ne l'accordent qu'à l'une des parties. Tant d'usages différens, ne nous prouvent-ils pas que les législateurs n'ont pas suivi partout les mêmes principes sur cette matière?

Cependant il faut le dire, chacun voit bien ce qu'il voit; mais chacun ne se défie pas assez de sa propre ignorance qui nous fait penser trop facilement, que ce que nous voyons dans une question est tout ce que l'on peut y voir.

Je dois aussi dire, que le faux jugement de quelques personnes qui soutiennent que la séparation est préférable au divorce, tient entièrement, ou à leur ignorance, ou à leur obstination, c'est-à-dire, à leurs passions; que leur illusion qui tient toujours à leur intérêt, est d'autant plus prononcée, qu'elles y sont plus intéressées : ce qui se mesure par le degré d'aveuglement où elles sont plongées.

Il n'est personne qui ne sache combien il est facile de se faire illusion à soi-même sur une question importante, et comment en tirant des conséquences extrêmement justes de leurs principes, il arrive souvent que les hommes divergent dans leurs opinions, suivant qu'ils considèrent la question sous une de ses faces, ou sous toutes à la fois.

Si l'on dit à un prêtre que la religion ne veut que le bien des peuples; qu'elle ne peut contrarier leur bonheur et qu'elle laisse à tous la liberté de leur conscience, croyez-vous que ce prêtre pensera comme vous? Non : parce qu'il n'envisagera pas cette question sous les mêmes faces : le prêtre est jaloux du pouvoir; il ne veut que régir et régner despotiquement sur la pensée, sur les âmes et les corps; il veut tout soumettre à son empire théocratique. La religion, se dit-il, m'appelle au bout du monde; elle veut que je porte le fer et la flamme pour forcer les peuples à reconnaître le vrai Dieu; elle veut que je les soumette et que j'abaisse leur orgueil, en chargeant leur mains de chaînes : c'est ainsi que le prêtre oublie, que le bien de la religion ne sert que de prétexte pour satisfaire son ambition, et que c'est l'avidité seule d'acquérir le pouvoir, qui lui fait forger les armes de la tyrannie et diriger ses idées, qu'il devrait employer à l'utilité publique, vers son intérêt particulier; parce que, comme a dit M. de Châteaubriand, dans un ouvrage publié à Londres : *L'esprit dominant du sacerdoce doit être l'égoïsme; parce que, le prêtre n'a que lui seul dans le monde,* parce que, *repoussé de la société il se concentre, et voyant que tous les hommes s'occupent de leurs intérêts, il cherche le sien.*

Il en est d'autres qui ne peuvent entendre le langage sévère de la raison qui procède, qui combine avant que d'opérer, sans que leur imagination n'ait à combattre avec des images fantastiques, nées ou d'une imagination effarouchée, ou d'une imagination trop sensible, et par cela même facile à effaroucher. Avec ces gens-là, il faut renoncer à faire entendre la voix de la philosophie; il faut fuir, ou se résoudre à combattre les spectres qu'ils répandent autour de vous; qu'ils voient partout, comme certains monomanes qui ne voient que des ombres errer autour des tombeaux ou dans l'obscurité des bois, pour effrayer les timides voyageurs; avec ces gens-là, dis-je, il est impossible de raisonner, puisque la frayeur préside à toutes leurs facultés, et n'en laisse aucune libre pour considérer l'absurdité des motifs d'une terreur si insensée.

Quand on veut atteindre la vérité, il faut juger des choses d'après soi-même, et non d'après l'opinion de certains hommes qui sont d'autant plus enthousiastes, qu'ils sont plus passionnés, ou moins éclairés, parce qu'ils s'en forment une idée fausse ou vague. Malheureusement, tous les hommes n'ont pas le loisir de s'instruire assez pour ne juger de la vérité d'une idée, que par l'impression que fait sur eux cette idée ; et de ce nombre considérable sont le pauvre, le marchand, le cultivateur et l'ouvrier qui, le plus souvent ne reçoivent la vérité, comme l'erreur, que par préjugé. Occupés sans cesse à travailler pour leur conservation, ils ne peuvent toujours s'élever à une certaine sphère d'idées.

Notre intention n'est pas de traiter la question qui nous occupe en jurisconsulte ; ce qui exigerait des connaissances dans l'étude des lois, plus étendues que celles que nous avons ; nous nous bornerons seulement à rechercher si la raison l'approuve, si la nécessité de son rétablissement est fondé sur le droit naturel ; et nous nous attacherons plus particulièrement à prouver, que la religion, la philosophie morale et la plus saine politique, loin de s'opposer à son institution, s'accordent à la considérer comme pouvant contribuer, pour beaucoup, au bonheur des peuples : Nous n'avons donc à considérer le divorce que dans ses rapports avec l'économie politique.

Pour apprécier les vérités que nous allons développer, avec le plus de clarté qu'il nous sera possible, nous ne demandons pour être bien compris, que des personnes qui aient la connaissance de ce qu'on appelle le bien et le mal ; et qu'en outre, ces personnes sachent que les actions sont plus ou moins mauvaises ou vicieuses, selon qu'elles nuisent plus ou moins au bonheur de la société. Si nos lecteurs ont conservé ce sentiment que la nature a déposé dans le cœur de tous les hommes, ils n'auront point à craindre de se laisser séduire par des subtilités de métaphysique, ou par des sophismes : ce sentiment, le seul qu'on doive écouter, condamnera ou approuvera tout projet, suivant qu'il le jugera nuisible ou utile au bien public.

Pour ne négliger aucunes des choses qui peuvent nous faire comprendre de tout le monde, nous allons rapporter ici ce que l'on entend par divorce.

Le divorce est la dissolution du mariage, par laquelle ceux qui étaient époux cessent de l'être, sont rétablis dans l'état civil où ils se trouvaient avant leur réunion, ne sont plus tenus l'un envers l'autre aux devoirs mutuels qui résultaient de cette relation conjugale, et recouvrent la liberté de se remarier de nouveau.

Les lois qui ont permis le divorce, soit chez les anciens, soit chez les modernes n'avaient point été rédigées avec la plus grande précaution, puisque chez eux, le divorce y avait entraîné les plus grands désordres. Était-il donc impossible au législateur de prévenir ces abus, et de les arrêter quand ils se sont montrés?

Il faut en convenir, les législateurs qui ont établi le divorce n'en ont pas calculé les abus; puisqu'ils ont abandonné au hasard, les suites de cette institution, peut être la plus délicate de toutes celles que l'homme peut fonder. Si le législateur avait formé d'autres lois pour que l'on n'abusât pas de cette institution; s'il avait prévu qu'il est dans le cœur humain d'abuser le plus souvent des meilleures institutions, et de tourner contre lui-même ce qui devait faire son bonheur, il aurait puni la partie coupable; il se serait intéressé à la partie innocente; il n'aurait pas considéré froidement le sort des enfans qui restent après le divorce; il serait entré dans des détails précis sur ces points, et sur une multitude d'autres élémens; enfin, il aurait calculé toutes les précautions nécessaires à paralyser les abus d'une si belle institution, et à la conserver dans toute son intégrité.

Il est vrai que plusieurs législateurs ont tenté de remédier aux abus du divorce; qu'ils ont eu les meilleures intentions, mais cela ne suffit pas, car le peuple n'est point juge des intentions. Du nombre de ceux qui ont cherché à remédier aux suites scandaleuses du divorce , on cite : Théodose II et Valentin III qui , touchés du sort des enfans après le divorce , établirent que le mariage ne pourrait être rompu sans formalités ; ce qui n'avait pas lieu auparavant ; Justinien qui établit que le divorce serait régi d'une manière avantageuse aux mœurs et à l'honnêteté publique.

Leur exemple n'a pas eu de nombreux imitateurs : aussi le divorce a-t-il été une des plaies les plus funestes pour les peuples et pour les générations qui ont usé de ce droit. Comment pardonner à l'imprudence des législateurs Juifs, qui autorisèrent un homme à répudier sa femme, sans autre motif que la nouvelle passion que lui inspirerait une autre femme plus belle , plus jeune, ou plus aimable que la première , ou un simple refroidissement, ou seulement un caprice ! Quelle opinion devons nous avoir des Romains qui, sur la fin de la république, répudiaient leurs femmes, en prenaient une autre qui leur convenait ou plaisait mieux ; chez qui les femmes changeaient de mari sans autre prétexte que leur fantaisie? Que devons-nous penser de la pudeur de ces Romaines qui , s'arrogeant le droit de répudier leurs maris pour convoler à de nouveaux liens, en étaient dans le cas, comme dit un auteur contemporain (*), de ne plus compter les années par les consuls, mais par les maris dans les bras desquels elles passaient successivement ! Quelle idée devons-nous avoir de nos belles et illustres compatriotes, qui ne se mariaient naguère que dans l'espérance du divorce , et qui ne répudiaient un mari que pour en prendre un autre !

Le lecteur en réfléchissant sur ce tableau scandaleux des générations écoulées, comprendra facilement que l'homme ne se livre à ces désordres, qu'en recherchant son intérêt personnel vers lequel les hommes gravitent sans cesse , sans qu'on puisse les soustraire à cette tendance ; que dans la modification de son intérêt personnel, l'homme ne recherche uniquement que son bonheur; qu'il est

(*) Seneca , lib. de Beneficiis III , 16.

inutile de rechercher à détourner ses penchans du but qu'ils se proposent; que surtout, aujourd'hui qu'il est décidé par le fait, que les peuples peuvent faire et défaire les rois, il est dangereux de l'entreprendre, et plus dangereux encore d'y réussir; il apprendra aussi, que ces désordres ne résident réellement que dans la législation; que le crime des générations qui, selon leur caprice, ont abusé du silence de la loi pour former des liens éphémères et qui, par là, se sont peut-être rendues coupables envers la justice et l'humanité, n'existe réellement que dans la loi qui ne sut pas régler la forme, les conditions. et les suites de la dissolution du mariage.

Ne nous trompons pas, l'homme n'aime pas le bien pour le bien, lui-même ni le mal parce qu'il nuit à la société : suivant la manière différente dont son intérêt se modifie, il devient ou vertueux ou vicieux. Ce n'est donc point de la méchanceté de certains peuples, ni de la corruption de certaines générations, ni de certains vices de quelques siècles dont il faut nous plaindre; mais de la faiblesse, de l'ignorance, de l'intérêt particulier, ou de quelques vices de certains législateurs qui, le plus souvent, ne considèrent que l'intérêt particulier, au lieu de chercher tous les moyens qui peuvent faire converger ces intérêts isolés, vers l'intérêt général.

Ceux qui méritent véritablement de la patrie sont ceux dont les actions tendent au bien public : je dis les actions, car les intentions ne peuvent nous être utiles ; ceux qui font des lois qui nuisent au bien public sont criminels envers la société; ceux qui par défaut d'énergie, ou par ignorance, ou par toute autre cause, abandonnent à elles mêmes des institutions solennellement établies, sont encore coupables envers l'état, et méritent que leur nom, recueilli par l'histoire, passe de la haine publique au mépris de la postérité.

C'est à ce principe d'unité de composition qu'il faut rappeler toute législation, c'est à ce principe qu'il faut soumettre toutes les passions humaines, en leur donnant une direction convenable ; ainsi que tous les sentimens, sans en excepter même celui de l'humanité.

Nous reviendrons plus tard sur ce principe fondamental de toute législation, lorsque nous jetterons les premiers jalons, dans la route que l'on devra suivre, pour fonder une institution dont les effets devront être des actions vertueuses, puisqu'elles contribueront à la félicité publique; mais en attendant, nous allons prouver que la philosophie, la morale, la politique et même la religion, s'accordent à approuver la rupture des liens de l'hymenée, lorsque des époux sont malheureux par la contrariété de l'humeur, par la méchanceté, le désordre, le vice, etc., etc.

L'œil de l'observateur voit autrement que celui du vulgaire; et tel objet ne présente à celui-ci que le désordre et le vice, qui offre à l'autre l'ordre et la vertu.

Le divorce fait circuler la vie et la féconde; il brise des liens faits par l'avarice, quelquefois formés par le crime ou avec le crime, entretenus par la méchanceté, la cupidité ou la vengeance: le divorce peut donc rétablir l'équilibre que le mariage avait fait rompre, parmi les membres de la société.

Il n'est que trop vrai que le bonheur des époux dépend de la félicité dont ils jouissent au dedans, dans leur intérieur! Quelle félicité, ces époux, après avoir obtenu d'être séparés l'un de l'autre, trouvent-ils au dedans d'eux-mêmes, lorsqu'ils se trouvent ainsi seuls! Bientôt on les voit céder aux lois impérieuses de la nature; ils contractent des liens illicites: la femme donne le jour à des enfans qui appartiennent à l'époux, puisqu'ils portent son nom; l'époux, de son côté, porte le déshonneur dans un autre ménage, ou séduit l'innocence, ou fréquente les repaires du crime; les enfans qui naissent de ses intrigues appartiennent à d'autres, et sont élevés au milieu de nous, ou vont peupler ces établissemens fondés pour recevoir ces infortunés, à qui l'injustice cruelle des hommes fait porter sur leur front innocent, la marque indélibile d'un opprobre éternel.

S'ils résistent au cri de la nature, ou si sa voix cesse de se faire entendre, comment les dédommager des plus douces sensations de la vie! La liberté se nourrit-elle de regrets et de larmes? Pourquoi engourdir leur existence, dans un sommeil qui appauvrit la nature, au lieu de réparer ses pertes ? La liberté ne peut elle se couronner de fleurs ? Brisez ces chaînes qu'ils ne peuvent plus supporter ; rendez les libres d'en former de plus légères, et vous ne verrez plus la douleur de ces époux, aigrissant leurs mœurs, donner lieu à une philosophie chagrine ; vous verrez ces nouveaux couples rechercher la fortune qui leur créera de nouveaux plaisirs ; vous verrez leur travail, leur commerce, leur industrie, fournir, par leur union, à la subsistance d'une famille, et contribuer à son éducation ; vous verrez cette même famille, sans cesse présente, exciter une cupidité salutaire qui arrachéra ces époux à cette inertie, à cet ennui vers lequel nous retombons sans cesse ; enfin, vous verrez les heureux effets du divorce, répandre une chaleur vivifiante, faire circuler la vie dans tous les membres de l'état : c'est alors que vous verrez les arts, qui adoucissent les mœurs, qui nourrissent l'âme et charment l'esprit, atteindre leur plus haut période.

La séparation n'entraîne pas les mêmes conséquences, soit qu'on la considère relativement aux époux, soit qu'on la considère relativement aux états. Outré les inconvéniens dont nous avons déjà parlé, nous pouvons ajouter encore, pour les effets de la séparation sur les époux, qu'elles se bornent à tenir les époux éloignés des infirmités, des circonstances, des vices, de la stérilité, pour lesquels ils ont provoqué la séparation, sans mettre la société à l'abri du déshonneur des familles, des enfans ; sans arrêter le cours des malheurs, des crimes mêmes que la haine et la jalousie d'un des époux se plaisent à commettre, pour satisfaire leur vengeance : on a souvent vu des hommes chérissant la vertu, ne pouvoir s'empêcher de céder au violent désir de se venger d'une épouse coupable qui, chassée pour avoir déshonoré le lit conjugal, donnait peu de temps après, le jour à des enfans qui portaient le nom de l'époux sans qu'il en fut le père : c'est ainsi qu'il arrive souvent que de deux époux, le plus vertueux n'est pas toujours celui qui chérit le plus la vertu.

Si les effets de la séparation par rapport aux états, ne sont pas aussi sensibles que ceux dont nous venons de parler ; ils n'en sont ni moins graves, ni moins contraires à la félicité des peuples. Ce n'est point d'aujourd'hui que l'on sait que le célibat libertin qui domine en France, et dans plusieurs villes de l'Europe, joint au célibat ecclésiastique des prêtres, des sœurs, de quelques congréganistes, et au célibat dans lequel on croit en général devoir retenir les troupes, nous privent d'un nombre considérable d'individus par génération : c'est une vérité arithmétique, fondée sur des dénombremens généraux, sur l'état actuel du célibat ; et enfin, sur les dénombremens particuliers de quelques provinces, où la masse des naissances perd un septième au moins sur la comparaison.

Le gouvernement constitutionnel de la France, n'est-il pas intéressé à détruire un obstacle capable, non seulement de borner la population de ses citoyens, mais de la mettre au-dessous d'elle-même, et de lui faire perdre enfin, toute proportion avec les puissances qui admettent le divorce ? S'il est vrai, comme nous l'avons dit, que le bonheur dépend, au dedans, de la félicité, il n'est pas moins vrai que le bonheur des peuples dépend aussi du respect qu'ils inspirent au dehors.

N'est-ce pas des citoyens qu'il faut pour un peuple qui a à défendre sa liberté, ou à renverser la tyrannie ? N'est-ce pas encore des citoyens qu'il faudrait pour combattre nos voisins, s'ils voulaient rétablir les débris du trône que nous avons renversé : car il pourrait bien se faire, que les circonstances exigeassent que le peuple français fût plus militaire que commerçant ou artiste ?

Est-ce qu'il n'est pas de l'intérêt de la France d'empêcher les unions éternelles, ou d'établir le divorce qui remédierait à ce démembrement d'un peuple entier ; qui détruirait la formation de ces sociétés de femmes et d'hommes qui, sous différentes dénominations, ont toutes des intérêts, presque toujours opposés à l'intérêt public ; qui allumerait dans toutes les âmes, l'amour de la patrie ; qui arrêterait l'émigration d'un grand nombre d'individus qui vont traîner leur infortune loin de leur patrie; qui rendrait heureux ces époux séparés qui, n'ayant point assez de fortune pour subvenir aux frais d'une maladie, ou à l'entretien d'une petite famille, dépérissent et deviennent infirmes faute d'une nourriture saine, ou assez abondante, et meurent en laissant à l'État une famille de mandiants ; qui donnerait à l'éducation publique ce qui lui manque : c'est-à-dire les moyens de former des corps plus robustes et plus forts, des esprits plus éclairés et des âmes plus vertueuses ; qui, au lieu de les isoler, rapprocherait l'homme et la femme pour tendre au perfectionnement de l'ordre, de la substance morale, et à l'amélioration de notre position physique sur ce globe terrestre?

N'est-il pas évident, pour tout le monde, que l'établissement du divorce exciterait au mariage une foule innombrable de célibataires des deux sexes, retenus par la crainte qu'inspire naturellement un mariage éternel; que cet établissement féconderait les mariages ; qu'en les rendant plus nombreux, ils seraient moins troublés par les célibataires débauchés, dont nécessairement le nombre diminuerait ; que le bonheur et l'estime des personnes mariées, dépendant de leur conduite, elles en deviendraient plus circonspectes ; enfin, que les ménages qui, depuis quelque temps, seraient frappés de stérilité, pourraient redevenir féconds?

Puisque la politique et la législation se proposent la grandeur et la félicité temporelles des peuples; et que la morale, est une science qui se confond avec la politique et la législation, n'est-il pas évident, qu'il faut que les législateurs affaiblissent la stupide vénération des peuples, pour des lois et des usages qui sont contraires à leur bonheur; qu'il faut aussi, qu'ils apprennent aux peuples que les lois doivent être faites pour les rendre heureux; que nous sommes loin de ces temps où ils avaient besoin d'être trompés pour leur bonheur; enfin, que les lois doivent changer avec le temps, puisque c'est une vérité politique qu'avait connue M. Locke qui, lors de l'établissement de sa législation à Caroline, voulut que ses lois n'eussent de force que pendant un certain temps, que ce temps

expiré, elles devinssent nulles, si elles n'étaient de nouveau exami-
nées et confirmées par la nation entière?

Dans l'intérêt des peuples, la politique et la philosophie morale
doivent donc regarder les actions, comme indifférentes en elles-
mêmes; elles doivent savoir, que c'est au besoin de l'État à déterminer les actions qui sont dignes d'estime ou de mépris, et à fixer
l'instant, où chaque action cesse d'être vertueuse et devient vicieuse;
elles doivent savoir, que les siècles qui amènent dans les États des
révolutions, qui changent la face des empires, demandent aussi
quelque révolution parmi les lois qui les gouvernent; que dans ces
grands boulversements, les intérêts d'un peuple exigent toujours de
grands changements; que les mêmes actions peuvent, si on les
laisse toujours subsister, lui devenir successivement utiles ou
nuisibles, par conséquent, prendre le nom de vertueuses ou de
vicieuses. Que les législateurs interrogent la nature et qu'ils nous
révèlent ses oracles, et nous les verrons bientôt conduire, par la
sagesse des moyens du divorce, les hommes au bonheur, en plaçant
notre siècle au faîte des siècles disparus!

Il est en effet bien surprenant, que le bien de l'État ait mis le prix
aux différentes actions des hommes; qu'il leur ait donné les noms
de vertueuses, de vicieuses, selon qu'elles sont utiles ou nuisibles.
Qu'on examine l'Histoire, et l'on verra, qu'il n'est point de crime
qui ne soit mis au rang des actions honnêtes, par les sociétés
auxquelles ce crime est utile, ni d'action utile au public, qui ne
soit blâmée de quelque société particulière, à qui cette même
action est nuisible : on sait, pour n'en citer qu'un exemple, que
les chrétiens donnaient le nom de barbaries, aux cruautés dont les
payens se rendaient coupables envers eux; et le nom de zèle, aux
poursuites, aux tourments de tout genre, qu'ils faisaient souffrir à
ces malheureux payens.

Ces observations, devraient bien apprendre aux Ministres de la
Religion ce qu'ils feignent d'ignorer : que la vertu invariable dans
l'objet qu'elle se propose; c'est-à-dire, le bien public, ne l'est

point dans les moyens propres à remplir ce grand objet; que nous n'avons pas de la vertu, une idée absolue et indépendante des siècles; que la vertu ne peut être une et toujours la même, ni comme le pensait *Montaigne*, purement arbitraire. Non : la vertu n'est ni absolue, ni arbitraire ; elle est entièrement dépendante du bien public.

Si la religion chrétienne n'avait pas autorisé le divorce, à plusieurs époques, et dans plusieurs états; et si de nos jours, il n'existait pas encore des États, où cette institution est comprise dans le code des lois nationales, il faudrait qu'elle commençât à l'admettre : parce que, toute religion doit être fondée, sur le principe de l'unité de composition, c'est-à-dire de l'utilité publique.

La plupart de nos rois de la première race, quoique chrétiens depuis Clovis, firent usage du divorce. Charlemagne empereur, second roi de la deuxième race, répudie d'abord Hilmiltrude en 1770, de laquelle il avait deux enfans mâles vivants; ensuite Hermengarde, fille de Didier, roi des Lombards, après un an de mariage. Tous les princes de l'Europe usent du divorce quand la nécessité l'exige, et les Papes ne s'y opposent pas. Charlemagne avait répudié deux femmes, et il est mis au rang des saints.

Sainte Fabriole, que saint Jérôme appelle *la gloire des chrétiens*, répudia son mari, qui était un homme d'une vie déréglée, et profita peu de temps après, de sa liberté pour convoler à de secondes noces.

A Varsovie, les évêques jugent les divorces, et l'église remarie à d'autres ceux qu'elle a séparés.

Il est dit, au dix-septième canon du Concile de Tolède, que celui qui se contente d'une seule femme, à titre d'épouse, ou de concubine, ne sera pas rejeté de la communion : c'était probablemet pour mettre la femme mariée à l'abri de toute insulte, qu'alors l'église tolérait les concubines. Si l'église, a bien toléré les concubines pour protéger les femmes, ne peut-elle pas admettre le divorce pour assurer leur bonheur?

La conduite des premiers siècles du christianisme, pendant

lesquels le divorce fut établi, l'exemple de la Pologne, où le divorce est compris dans le code des lois, et s'exerce sans sortir de l'ordre, nous prouvent suffisamment, que la religion et le divorce ne sont pas incompatibles : en effet, comment serait-il possible que le divorce blessât la religion, puisque son institution serait un hommage à la vertu? Cependant, vous entendrez plus d'un faux dévot dire : « que » cette institution répandrait une odeur de mort qui infecterait toute » la postérité; que ce serait une plante maudite, qui étoufferait, d'âge « en âge, le bon grain semé dans les champs du père de famille.... »

Les ministres de la religion, ne devront donc point s'opposer aux changements que l'autorité trouvera à propos de faire sur ce point; car, soit qu'ils considèrent cette institution comme un vice, ou comme une vertu, il n'en est pas moins vrai qu'elle est utile au bien public : s'ils veulent que ce soit un vice, je soutiens que c'est un vice utile, et que c'est une inconséquence religieuse de regarder le divorce comme un vice moral, dans un état, où la galanterie ne peut pas à la rigueur être considérée comme un vice moral; puisque sans cette galanterie, le luxe si nécessaire dans les grandes villes, cesserait d'occuper des milliers d'individus, qui tomberaient bientôt dans la plus affreuse misère.

Législateurs et Ministres de la religion, si vous n'admettez point le divorce, ne méprisez donc plus la jeune femme qui, encore vierge, aura écouté les premiers vœux de l'amour sans les serments du mariage; permettez-lui de fuir des liens éternels ; ne rejettez plus les enfans qu'elle a mis au jour, au risque de sa vie, qu'elle a nourris de son lait et de son travail; sachez, qu'elle a mieux aimé s'exposer à votre haine, plutôt que d'étouffer ses enfans avant de les concevoir; plutôt que de garder un honteux célibat, dans une prostitution secrète et stérile ; faites donc des lois pour donner des maris à ces jeunes femmes que l'éducation publique, les mœurs et les usages, empêchent de solliciter les hommes au mariage, quand la nature et les hommes ne cessent d'allumer dans leur sang les désirs de la volupté !

Les personnes qui examineront cette question importante dans tous ses détails, verront que le droit naturel, la philosophie morale, la politique et la religion , sont favorables au rétablissement du divorce : toutes fois, ces principes admis, le législateur ne devra pas cependant rétablir le divorce, avant d'avoir considéré toutes les questions qui s'y rattachent , et qui peuvent en assurer le succès.

Avant que de considérer toutes ces qnestions importantes, il faut que le législateur se rappelle, que la force des mœurs publiques n'est pas la même à toutes les époques de la civilisation , chez le même peuple ; qu'il est des siècles, où la licence ne connait plus de frein, et qu'il en est d'autres où la force des mœurs résiste et diminue les inconvénients ; que le divorce n'est pas nuisible comme divorce ; mais seulement comme pouvant être la cause de grands désordres parmi les citoyens, si on l'abandonne à lui-même ; qu'il ne suffit pas à l'homme d'avoir les choses absolument nécessaires à sa conservation et à sa vie ; mais qu'il faut encore qu'il ait cette existence agréable ; que le divorce peut, pour la société, être vicieux ou vertueux, suivant les lois qui l'accompagnent ; que le divorce peut rendre les peuples plus heureux et l'empire plus durable ; que l'on ne doit pas moins à l'humanité qu'à la religion ; enfin, que la politique doit porter dans toutes les familles, des fruits de bonheur et de liberté.

Le législateur pénétré de ces vérités , pourra examiner si le divorce peut être rétabli chez nous ; s'il pourra l'être pour toutes les époques de notre civilisation ; quel sera le sort des enfans après le divorce ; quels seront les lots, ou portions de biens et de revenus qui seront le partage des enfans, des femmes après le divorce, relativement à la fortune et à la condition des familles ; enfin , il faudra calculer toutes les précautions qu'exigera la loi du divorce ; et, si la discussion de ces différents points et de plusieurs autres pareils, offrent des résultats en faveur des garanties du divorce, il est du devoir des législateurs de le rétablir chez nous : car, comme a dit

Pythagore, une des choses qui rendent les hommes semblables aux dieux, *c'est de faire le bien public.*

D'HÉRAN.